Laurent
Patrick
Noonan

Boule
et Bill

ALBUM N° 7
DES GAGS DE

Boule et Bill

PAR Roba

DUPUIS

Dépôt légal : octobre 1988 D.1971/0089/88
ISBN 2-8001-0036-2 ISSN 0771-8802

RUSE

BILL!?
SAPRISTI!... IL A ENCORE FILÉ AU BON MOMENT, CE SACRÉ CHIEN!!
C'EST TOUT DE MÊME FORMIDABLE!... IL ÉTAIT ENCORE LÀ IL Y A CINQ MINUTES!... C'EST À CROIRE QU'IL DEVINE LE MOMENT OÙ JE VEUX LUI DONNER SON BAIN!!
ALLONS, ALLONS!... IL DOIT Y AVOIR MOYEN DE LE FAIRE REVENIR... OUI, OUI... JE CROIS AVOIR TROUVÉ!
SI MON IDÉE MARCHE COMME JE LE CROIS, IL SERA ICI DANS PAS LONGTEMPS!
PAS LONGTEMPS APRÈS, QUELQUE PART DANS LE QUARTIER...
?
437 A
?!?
ENCORE!?
HO!... CHÉÉRIE!... PRÉPARE LE BAIN. IL EST LÀ!
?!
Roba 437 B.

PLEIN LE DOS

HOLÀ!! CAROLINE A CAPOTÉ!
S.O.S.!
C'EST CE QUI PEUT ARRIVER DE PIRE À UNE TORTUE!... SI ELLE NE SE REDRESSE PAS... C'EST LA MORT CERTAINE!
SALUT, BILL!... BONNE JOURNÉE!... ET SURTOUT, NE TE FATIGUE PAS!
439A
EH BIEN, MON GROS!... VOILÀ CE QUI S'APPELLE PRENDRE LA VIE DU BON CÔTÉ!
ÇA VA, BILL?
ENFIN!... QUELQU'UN QUI S'INQUIÈTE DE MOI!
FAIS BIEN ATTENTION!... TU RISQUES LE TOUR DE REIN, LA DÉPRESSION NERVEUSE ET LA CRISE CARDIAQUE!... HA!HA!HA!
JE L'AURAIS PARIÉ!... MOI, ON NE S'EN FICHE PAS MAL QUE JE MEURE!... ET EN SE PAYANT MA TÊTE, PAR-DESSUS LE MARCHÉ!!!
ALLONS, TU SAIS BIEN QUE TU AS TORT... ET LE TORT... TUE!
HI!HI!HI!
Roba 439B

VOUS AVEZ VU ? BELLE ÉDUCATION !
AH ! NE ME PARLEZ PAS DE LA JEUNESSE ACTUELLE, MADAME !...
...C'EST D'UN SANS-GÊNE !
HONTEUX !
COMMENT VOULEZ-VOUS QUE CES JEUNES RESPECTENT QUOI QUE CE SOIT, DANS UN MONDE OÙ L'ON NE RESPECTE RIEN !?
440A
DE NOTRE TEMPS, NOUS AVIONS LE SENS DES CONVENANCES !
LES CHOSES ÉTAIENT À LEUR PLACE, MONSIEUR, ET C'ÉTAIT TRÈS BIEN AINSI.
HÉ, OUI !
SALLE D'ATTENTE
C'EST CHAQUE FOIS LA MÊME CHOSE QUAND ON VA CHEZ LE VÉTÉRINAIRE, TU DOIS TOUJOURS TE FAIRE REMARQUER !
440B

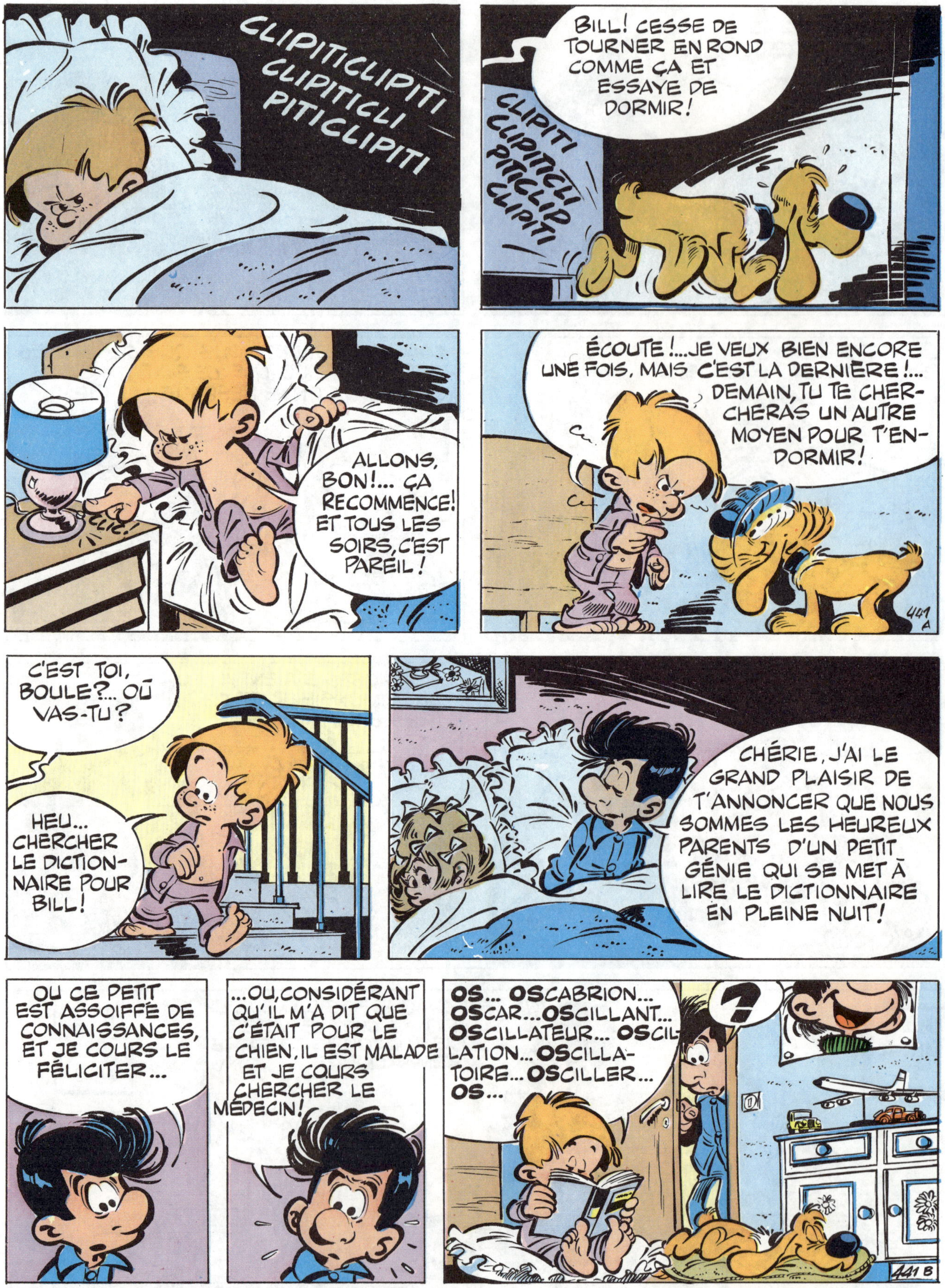
CLIPITICLIPITI
CLIPITICLI
PITICLIPITI
BILL! CESSE DE TOURNER EN ROND COMME ÇA ET ESSAYE DE DORMIR!
CLIPITI
CLIPITICLI
PITICLIP
CLIPITI
CLIC!
ALLONS, BON!... ÇA RECOMMENCE! ET TOUS LES SOIRS, C'EST PAREIL!
ÉCOUTE!... JE VEUX BIEN ENCORE UNE FOIS, MAIS C'EST LA DERNIÈRE!... DEMAIN, TU TE CHERCHERAS UN AUTRE MOYEN POUR T'ENDORMIR!
C'EST TOI, BOULE?... OÙ VAS-TU?
HEU... CHERCHER LE DICTIONNAIRE POUR BILL!
CHÉRIE, J'AI LE GRAND PLAISIR DE T'ANNONCER QUE NOUS SOMMES LES HEUREUX PARENTS D'UN PETIT GÉNIE QUI SE MET À LIRE LE DICTIONNAIRE EN PLEINE NUIT!
OU CE PETIT EST ASSOIFFÉ DE CONNAISSANCES, ET JE COURS LE FÉLICITER...
...OU, CONSIDÉRANT QU'IL M'A DIT QUE C'ÉTAIT POUR LE CHIEN, IL EST MALADE ET JE COURS CHERCHER LE MÉDECIN!
OS... OSCABRION... OSCAR... OSCILLANT... OSCILLATEUR... OSCILLATION... OSCILLATOIRE... OSCILLER... OS...

DANS LE BAIN

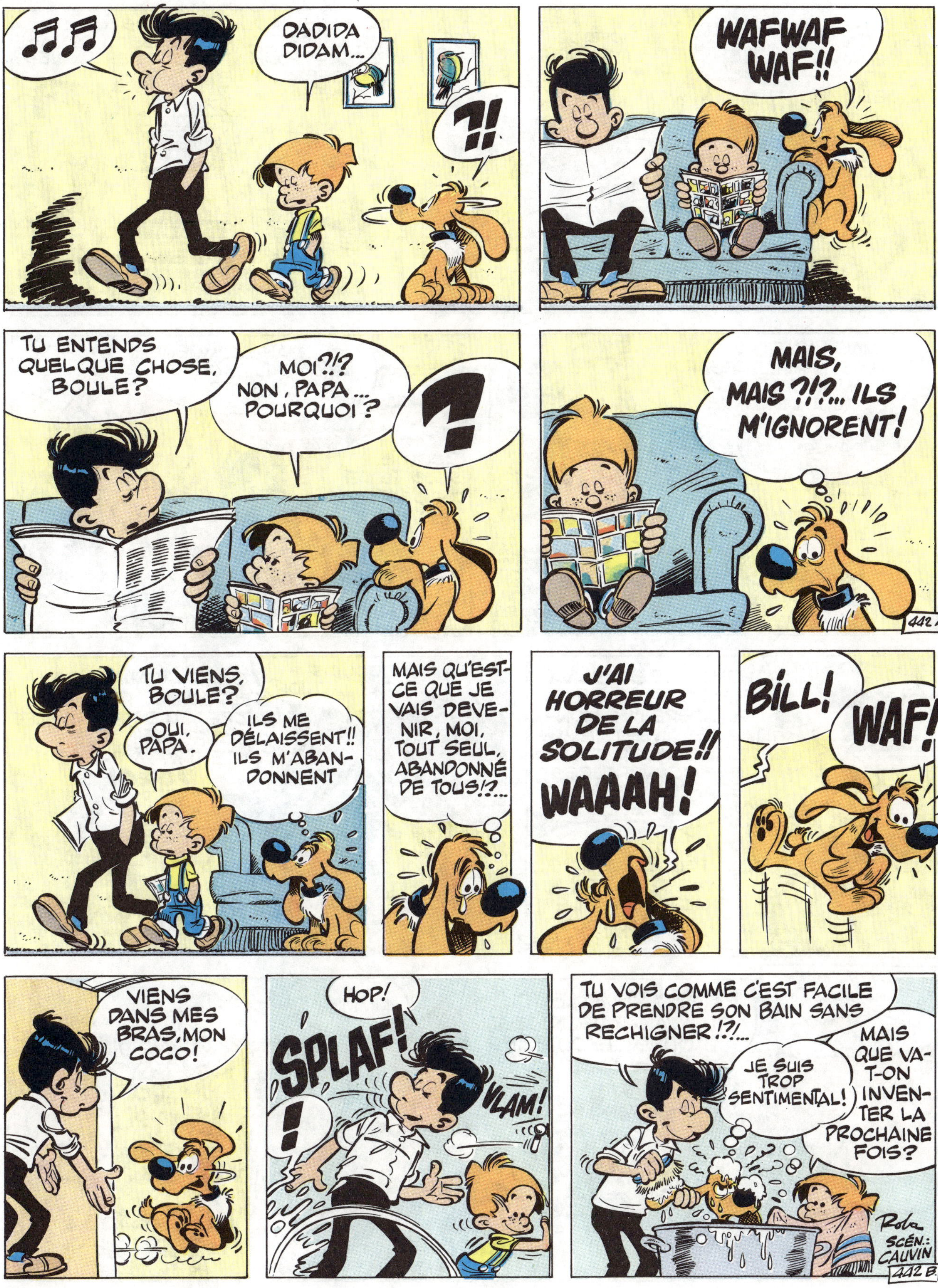

DADIDA DIDAM...
?!
WAFWAF WAF!!
TU ENTENDS QUELQUE CHOSE, BOULE?
MOI?!? NON, PAPA... POURQUOI?
?
MAIS, MAIS?!?... ILS M'IGNORENT!
442 A
TU VIENS, BOULE?
OUI, PAPA.
ILS ME DÉLAISSENT!! ILS M'ABANDONNENT
MAIS QU'EST-CE QUE JE VAIS DEVENIR, MOI, TOUT SEUL, ABANDONNÉ DE TOUS!?...
J'AI HORREUR DE LA SOLITUDE!!
WAAAH!
BILL!
WAF!
VIENS DANS MES BRAS, MON COCO!
HOP!
SPLAF!
!
VLAM!
TU VOIS COMME C'EST FACILE DE PRENDRE SON BAIN SANS RECHIGNER!?!...
JE SUIS TROP SENTIMENTAL!
MAIS QUE VA-T-ON INVENTER LA PROCHAINE FOIS?
Roba
SCÉN.: CAUVIN
442 B

DIS, P'PA, C'EST VRAI QUE DEMAIN C'EST PÂQUES?
MAIS OUI, ET N'EST-CE PAS UNE BONNE IDÉE DE PASSER CES FÊTES AVEC NOTRE NOUVELLE VOITURE DANS CE BEAU DÉCOR DE MONTAGNES?
31416
ON VA SE TROUVER UN PETIT COIN "PÉPÈRE" POUR Y DRESSER LA TENTE...
MAIS À QUOI VERRAS-TU, DEMAIN, QUE C'EST PÂQUES?
31416
MAIS PARCE QUE JE LE SAIS, PARDI!... REGARDEZ COMME C'EST JOLI!... HOP! TOUT LE MONDE DESCEND!
OUI, MAIS... COMMENT LE SAIS-TU?... ON TE L'A DIT?
OH! ÉCOUTE... SI JE TE LE DIS, C'EST QUE C'EST VRAI!
443A
HO, HO!... LE SOLEIL VA BIENTÔT SE COUCHER DERRIÈRE LES MONTAGNES... IL EST TEMPS DE SE GLISSER DANS SES COUVERTURES... ET APRÈS UNE BONNE NUIT...
...CE SERA PÂQUES, JE SAIS... MAIS C'EST À QUOI, EXACTEMENT, QUE TU VERRAS, À COUP SÛR, QUE C'EST PÂQUES?
À QUOI, DIS, PAPA?... À QUOI?
OH, LÀLÀLÀLÀ!... BON! C'EST COMME POUR LA "RÉCRÉ", TU ENTENDRAS LES CLOCHES, LÀ!!... TU ES CONTENT?!?... À PRÉSENT, DORS!
LES CLOCHES?... C'EST BIEN VRAI?
OUIIII! DORS!
ET AU PETIT MATIN...
PAPA! RÉVEILLE-TOI!!... TU AVAIS RAISON, C'EST PÂQUES!... ÉCOUTE LES CLOCHES!!
MMMH?
DONG
DING
DING
DONG
DONG
DING
DING DONG
443B
Roba

CHÉRI, SOIS GENTIL, VA DONNER À MANGER AU CHIEN... TU TROUVERAS SON REPAS DANS LA CASSEROLE BLEUE SUR LA CUISINIÈRE.
QUI C'EST QUI VA AVOIR UN BON MIAM, MIAM?
À VOIR L'ASPECT, CE DOIT ÊTRE ÇA.
EH BIEN?... ÇA NE TE PLAÎT PAS?
SNIF!
Bill
444 A
LAISSE-MOI SENTIR... MOUAIS! PAS L'AIR FAMEUX, CETTE MIXTURE!
SNIF! SNIF!
TIENS, BOULE... RESPIRE UN PEU ÇA, ET DIS-MOI CE QUE TU EN PENSES.
?
SNIF!
BEEUH!
C'EST BIEN CE QUI ME SEMBLAIT... CHÉÉRIE!
QUOI? QU'Y A-T-IL?
IL Y A QU'ON DEVRAIT TE DÉNONCER À LA "S.P.A." POUR OSER DONNER DE LA NOURRITURE AUSSI DOUTEUSE À UNE PAUVRE BÊTE SANS DÉFENSE!!
JE T'AVAIS DIT: LA CASSEROLE BLEUE!... CETTE NOURRITURE AUSSI DOUTEUSE EST NOTRE CASSOULET DU DÉJEUNER!!
Bill
444 B

VOILÀ, TON TOBOGGAN EST PRÊT... TU VAS POUVOIR BIEN T'AMUSER !
POURQUOI N'INVITERAIS-TU PAS QUELQUES AMIS? CE SERAIT BEAUCOUP PLUS GAI !
PLUS TARD...
JE ME FÉLICITE D'AVOIR MONTÉ CE TOBOGGAN ...ÇA DONNE DE L'EXERCICE À L'ENFANT, ET PUIS... QUEL CALME DANS LA MAISON !
PAPAAAA !!
OUIN !
445 A
QU'EST-CE QU'IL Y A ?!?... TON TOBOGGAN EST CASSÉ? TES AMIS NE SONT PAS GENTILS AVEC TOI ?
OUIN ! C'EST... C'EST UN GRAND QUI...
COMPRIS !... UN GRAND QUI NE LAISSE PAS JOUER UN PLUS PETIT !... AH ! MAIS... IL Y A UN PLUS GRAND QUI VA LUI DIRE DEUX MOTS !... VIENS !
TU VOIS !?... IL RECOMMENCE !
GRRR !
Roba
445 B.

FAUT QUE ÇA SAUTE !

BON ANNIVERSAIiiRE ...
... NOS VOEUX LES PLUS SINCÉÉÉRES ...
(SOUPIR)
NON, PAS ÇA, TOUT DE MÊME !
RE-SOUPIR
DÉFENSE DE CUEILLIR DES FLEURS
447 A
C'EST FINI !... ELLE NE VIENDRA PLUS !
AH ! MON BRAVE TOUTOU !... QUAND JE VOIS TES BONS YEUX HUMIDES ET FIDÈLES !
ON A RAISON, ALLEZ, DE DIRE QUE LES CHIENS VALENT MIEUX QUE LES GENS !
(SOUPIR)
OH ! CHÉRI !... VIENS VOIR LE CHIEN ... JE ME DEMANDE COMMENT IL A FAIT !
Roba
447 B.

BAL DE L'ÉCOLE
!
BAL DE L'ÉCOLE
BAL DE L'ÉCOLE
GRRR!
BAL DE L'ÉCOLE
448 A
BAL DE
GROÂRR
KSSSSSS!
BAL DE
MIIAAA!
KSSSSS!
GRRR
CHHHHH!
GROÂRF!
VIENS, BILL, ON RENTRE.
J'AI COLLÉ TOUTES MES AFFICHES, MAIS C'EST LA DERNIÈRE FOIS QUE J'EMPLOIE DE LA **COLLE DE POISSON!**
?
Roba
448 B

DIS, P'PA, TU VEUX BIEN JOUER AVEC MOI, DIS?... TU VEUX BIEN?
MMH?
VOILÀ, JE SUIS UN VENDEUR D'ASPIRATEURS ULTRA-MODERNES, ET TOI, TU SERAS LE CLIENT.
QUAND TU ENTENDRAS SONNER À LA PORTE, VIENS OUVRIR... CE SERA LE VENDEUR... ENFIN, MOI!
MMH...
DRRRRING
LE JOUR OÙ JE POURRAI LIRE MON JOURNAL EN PAIX, LES POULES AURONT DES DENTIERS!!
BONJOUR, MONSIEUR!... JE REPRÉSENTE LES ASPIRATEURS "SLURP".
SI VOUS LE PERMETTEZ, JE VAIS VOUS FAIRE UNE DÉMONSTRATION
MMH...
449 A
AH! TRÈS BELLE MOQUETTE!... PAARFAIT!... VOYEZ-VOUS CE SACHET QUE JE TIENS À LA MAIN?
IL CONTIENT DU SUCRE IMPALPABLE ... ET HOP!
!
ÇA NE VA PAS, NON!?!
ET MAMAN QUI VIENT DE PASSER L'ASPIRATEUR!!!
JE VOIS QUE VOUS NE CONNAISSEZ PAS L'ASPIRATEUR "SLURP".
LE VOIR FONCTIONNER, C'EST L'ADOPTER!
DZZZZ
SLURP!
DZZZZ
?!
Roba
449 B.

BOULE ET BILL ET BILLES

Z Z Z
HIIIIIIIII!
?!
IIIIIIIIIIII
MON DIEU!!... QUEL EST CE CRI HORRIBLE QUI ME GLACE LE SANG ET QUI SEMBLE PROVENIR DE LA CUISINE?!?
?
LÀ! LÀ!! UNE SOURIS, BILL!! VIIIITE!
BLANG
GROAF!
MAIS SAPRISTI!... IL SE PASSE DES CHOSES ANORMALES DANS LA MAISON!!!
CLANG
BLANG BOM!
CHÉRIE! QU'EST-CE QU'IL Y A?!?
HIIIIIIIIIIII!
GROÂÂRRF!
BOUM!
?!
?
BRAVE PETIT CHIEN QUI A SAUVÉ LA VIE DE SA MAMY EN CHASSANT LA VILAINE SOURIS!... EN RÉCOMPENSE IL RECEVRA TROIS GROS SUSUCRES!

TIENS?...JE NE VOIS PLUS TON CHIEN!...
BAH!... IL SERA ALLÉ FAIRE UN TOUR DANS LA NATURE.
452 A
WAF WAF WAF WOUF!
AH, BEN!... TON CHIEN ARRIVE... TU L'ENTENDS ABOYER?
WAF WOUF! WAF WAF!
?!
T'OCCUPE PAS ET SAUTE!
Roba
452 B.

PAPA, EST-CE QU'ON PEUT EMPLOYER TA PELLE ET TA BÊCHE POUR JOUER AUX COSMONAUTES-QUI-ONT-DÉBARQUÉ-SUR-LA-LUNE ?
HEU, OUI... MAIS REMETTEZ-LES À LEUR PLACE QUAND VOUS AUREZ FINI.
AH! LES JEUX ET LES RÊVES DE L'ENFANCE!...
SCRITCH!
COSMONAUTES!... QUAND JE PENSE QU'À LEUR ÂGE, MOI, JE RÊVAIS DE CONDUIRE UN TRAM!... ON N'ARRÊTE PAS LE PROGRÈS!
PLUS TARD
LES ENFANTS EMPLOYENT TES OUTILS AVEC TA PERMISSION, IL PARAÎT ?...
OUI, POUR JOUER AUX COSMONAUTES!
ALORS, UN BON CONSEIL: PRENDS UNE FUSÉE APOLLO ET VA LES REJOINDRE SUR LA LUNE. ÇA VAUT LE DÉPLACEMENT!
?
443A
QUOI? QUOI?... SUR LA LUNE? QUE VEUX-TU DIRE?
OH! RIEN... TOUT SIMPLEMENT QUE TU VERRAS COMBIEN IL EST DIFFICILE D'ÊTRE LE PÈRE D'UN COSMONAUTE!
MAIS C'EST QUE TU COMMENCES À M'INQUIÉTER, TOI!
AAH!
NONN!
CENTRE DE CONTRÔLE À CHEF COSMONAUTE!... ALUNISSAGE IM-MÉ-DIAT! C'EST UN ORDRE!
SI C'EST COMME ÇA, LA LUNE, C'EST CHOUETTE! QU'EST-CE QU'ON PEUT Y METTRE COMME OS!
OUI, MAIS... S'IL A UNE ÉCHELLE?
453B.

SALUT, BOULE!... TIENS, QU'EST-CE QUE TU AS AU BRAS?
TU AS EU UN ACCIDENT?
ÇA SE VOIT, NON?
HÉ! MAIS!... ATTENDS!!... COMMENT AS-TU FAIT ÇA? TU NE VEUX RIEN ME DIRE?
NON!
TU T'ES BATTU AVEC LE GRAND JULOT?... TU AS MAL PRIS TON VIRAGE EN GLISSANT SUR LA RAMPE D'ESCALIER?...
NON!
...TU AS FAIT UNE CHUTE DE VÉLO?... DE TROTTINETTE?... DE PATINS À ROULETTES!... DU POMMIER DE LA VOISINE?...
NON! NON! NON!
C'EST EN JOUANT AU FOOTBALL... JE SUIS ENTRÉ EN COLLISION AVEC LE GARDIEN DE BUT, LÀ!! PUISQU'IL FAUT TOUT TE DIRE!!!
MAIS C'EST BIEN, ÇA!... C'EST TRÈS BIEN!
DIS DONC, DIS DONC!... LES FILLES RAFFOLENT DE JOUEURS DE FOOTBALL! SURTOUT CEUX QUI SE SONT BLESSÉS APRÈS UN MATCH TERRIBLE!... TU VAS AVOIR UN SUCCÈS FORMIDABLE
TU M'ÉNERVES!
C'ÉTAIT LUI, LE GARDIEN DE BUT!
BWAÂÂH!

BOIRE UN PETIT COUP...

VOLE AU VENT

PLAF!
CE CERF-VOLANT NE VAUT PAS UN CLOU!!!
ALORS? TU NE JOUES PLUS AVEC TON BEAU CERF-VOLANT?
CERF-VOLANT!!! CERF NE VOLANT PAS DU TOUT, OUI!!!
455A
C'EST PARCE QUE TU NE PRENDS PAS ASSEZ D'ÉLAN... TIENS LE CHIEN, JE VAIS TE MONTRER.
AU DÉPART, IL FAUT COURIR BEAUCOUP PLUS VITE... COMME CECI!
BWOAH!... C'EST DE LA BL...
TU VOIS!?... IL VOLE!... IL VOLE!
RENDS-MOI MON CERF-VOLANT!!
IL Y A DES JOURS OÙ JE SOUHAITERAIS AVOIR DES OREILLES DE SOURIS!
Roba
455B.

LA RAISON DU PLUS FORT...

DRAME EN MER

LÀ!! UN REQUIN!!
458A
UN REQUIN!
DES REQUINS!
DES TAS DE REQUINS!
!!!!!!!!!
DES BANCS DE REQUINS!
WAH! WAH! WAH!... LE COUP DE L'OREILLE PEINTE EN NOIR, ÇA MARCHE TOUJOURS!
Roba
458B

OH! DIS, BOULE !... REGARDE TON CHIEN!
OUI, ET ALORS?
MAIS, MAIS ?!?
PLOUF
MAIS, DIS! TU AS UN CHIEN QUI FAIT DE LA PLONGÉE ?!!
BOF!
ET TOUT CE QUE TU TROUVES À DIRE, C'EST BOF !?!
T'EXCITE PAS, TU VAS COMPRENDRE.
459 A
TU VOIS? ...
BLUB BLOUP
!?
BLOUP!
...SA TECHNIQUE DE RESPIRATION N'EST MÊME PAS AU POINT!
BURPS!
?
Roba
459 B

AVEC FILET

COUP DROIT!
...REVERS ET BALLE DE MATCH !!
460 A
ÇA VA, TU AS GAGNÉ. BILL! NON, BILL!
QU'EST-CE QUE TU DIS DE ÇA!??... J'AI BEAU LUI DIRE QU'AU "BADMINTON" ON NE SAUTE PAS AU-DESSUS DU FILET, APRÈS LE MATCH!...
Roba
460B

AÏE ! REGARDE BILL !
S'IL VOIT CE QUE JE CROIS QU'IL VOIT, ÇA VA ÊTRE DU SPORT !
GRRR
IL ATTAQUE !... J'EN ÉTAIS SÛR !... VIENS !
?
GRRÔAR !
C'EST... C'EST HORRIBLE !
OUI.
!
GRÔARGN !
PAF !
MAIS VAS-TU CESSER, SALE BÊTE !!
461A
RETOURNONS VITE CHEZ MON PÈRE... C'EST LÀ QU'IL Y AURA DU SPECTACLE !
MAIS, MAIS... ET TON CHIEN ?
ET ALORS ?
ASSIEDS-TOI ET ATTENDS... ÇA NE VA PAS TARDER !
AH ! VOILÀ DÉJÀ BILL !
?
!
C'EST VOUS LE PROPRIÉTAIRE DE CE CHIEN LÀ ?!?
?!
PFFFF
Roba 461B

BÊÊH!
SNIF SNIF
?
VOILÀ... MAINTENANT, TU PEUX ALLER JOUER.
AH,AH?
HÉLÀ!!
PAPA!
SNIF SNIF
462 A
OUSTE! VILAINE BÊTE!
J'AURAIS PAS DÛ MANGER CETTE SOLE... ELLE ME PÈSE SUR L'ESTOMAC!
C'EST PAS ENCORE ÇA!
SNIF SNIF
LÀ, J'AI UNE CHANCE!
!!!!!!!!!!!
SCHLOUP
ENFIN! TARZ-O-ZAN MA LOTION SOLAIRE PRÉFÉRÉE!!
Roba
462 B.

Y A ERREUR

?
REGARDE, PAPA! BILL A "LEVÉ" UNE MÉDUSE!
GRRR!
C'EST DÉGOÛTANT, CES BESTIOLES-LÀ!
ATTENTION!! C'EST L'ESPÈCE À POINTS BLEUS!... LA PLUS DANGEREUSE!
AH OUI?
ET C'EST SANS OS!
SI TU MARCHES DESSUS, TU ATTRAPES LE PIED GROS COMME UN POTIRON ET LES ORTEILS DE LA MÊME COULEUR!!
BWAAAH!
463A
COURS CHERCHER TA PELLE! NOUS ALLONS REJETER CETTE CHOSE IMMONDE D'OÙ ELLE VIENT!
MAIS VOUS ÊTES FOUS!!
?
?
MON NOUVEAU BONNET DE BAIN QUE J'AVAIS DÉLICATEMENT MIS SÉCHER LÀ!
MARÉE DESCENDANTE OU PAS, VOUS IREZ LE CHERCHER, MÊME CHEZ LES ANGLAIS!!
Roba 463 B

SOUVENIRS DE VACANCES

PETITE REINE

CLIC !

BOUGE PAS!... JE VOUDRAIS SAISIR LA BEAUTÉ DE CE COUCHER DE SOLEIL AVEC TA SILHOUETTE À L'AVANT-PLAN!
ON FAIT DE LA PHOTO?
TU AS FAIT TA MISE AU POINT?
J'ALLAIS LA FAIRE, FIGURE-TOI!
ATTENTION! TU ES À CONTRE-JOUR!
OUI, C'EST RATÉ D'AVANCE!
466A
FAUT PRENDRE LA LUMIÈRE INCIDENTE.
AH! OUI... MON PÈRE DIT TOUJOURS ÇA!
LE MIEN AUSSI!... MÊME QUE ÇA FAIT RIRE MA MÈRE, PARCE QU'IL LOUPE TOUTES SES PHOTOS!
MOI, JE PRENDRAIS ÇA À DU 2,8 D'OUVERTURE.
OUI, LA FOCALE, Y A QUE ÇA!
MAIS À DU 60e DE VITESSE, PAS PLUS!
ET REGARDE BIEN TA DISTANCE FOCALE!
VOUS ALLEZ ME FICHER LA PAIX, OUI!??
OH! BON
ON S'EN VA!
ON VOULAIT TE FAIRE PLAISIR!
JE SAIS PHOTOGRAPHIER UN COUCHER DE SOLEIL, TOUT DE MÊME!!
CLIC!
Roba
468B.

JE NE CONNAISSAIS PAS CE COIN DE LA VILLE... PLUTÔT DÉSERT, PAS VRAI ?
AH! ÇA POUR ÊTRE DÉSERT... PAS MÊME UN... UN CHOSE... UN MACHIN, LÀ... ENFIN, Y EN A PAS, QUOI!!
OH! REGARDE... UNE VIEILLE LAMPE!
?
QUOI?
FREDDY, FAIS GAFFE!
ET SI C'ÉTAIT UNE LAMPE MAGIQUE?... TU SAIS, COMME CELLE D'ALADIN, QUE L'ON FROTTE EN FAISANT UN VOEU!
CLANG!
DE NID DE POULE!
DE CHAUFFEUR, OUI!
ON ESSAYE?... JE FROTTE, ET TOI, TU FAIS UN VOEU. D'ACCORD?
MOUAIS!
467A
TU AS FAIT TON VOEU?
OH! OUI.
TU Y PENSES TRÈS, TRÈS FORT?
JAMAIS JE N'AI PENSÉ AUSSI FORT!... PASCAL EST ENFONCÉ!
TCHONK!
MERCI! MERCI! MERCI!...
Roba
467B

ET MOI JE DIS QUE TU **IRAS** À CE CONCOURS POUR CHIENS !!
NONN !
C'EST POUR LE CONCOURS ? MAIS IL EST PRATIQUEMENT TERMINÉ !!... VOUS ÊTES BIEN TARD !
GRAND CONCOURS CHIENS TOUTES RACES
ATTENDEZ... JE CROIS QUE... OUI !... IL Y A ENCORE UN PRIX À ATTRIBUER... MAIS DÉPÊCHEZ-VOUS !... LE JURY DE SPÉCIALISTES VA DÉFILER ! PRENEZ L'EMPLACEMENT N° 24, ALLÉE C.
BON, JE TE LAISSE... TU M'AS BIEN COMPRIS ?... TÂCHE DE FAIRE BONNE CONTENANCE DEVANT LE JURY !...
TU PARLES !
24
VACHEMENT INFECT !
INFÂME !
BOURGEOIS !
C
11
12
DÉCADENT !
POMPIER !
DÉGÉNÉRESCENT !
23
VOYONS LE DERNIER !!
ESPÉRONS.
?
!!
!
BLEÂÂH ! BLEBLEBLEB...
24
HIPIPPIES ! HOURRA !
ENFIN !
MESDAMES ET MESSIEURS, LE CONCURRENT N° 24 EST DÉCLARÉ LE CHIEN LE PLUS PSYCHÉDÉLIQUEMENT **IDIOT** DE L'ANNÉE !!
FAIS PAS L'IDIOT !!!... UN PRIX, C'EST UN PRIX, QUOI !!?!!
GRR !!
Roba

QUI VA À LA CHASSE...

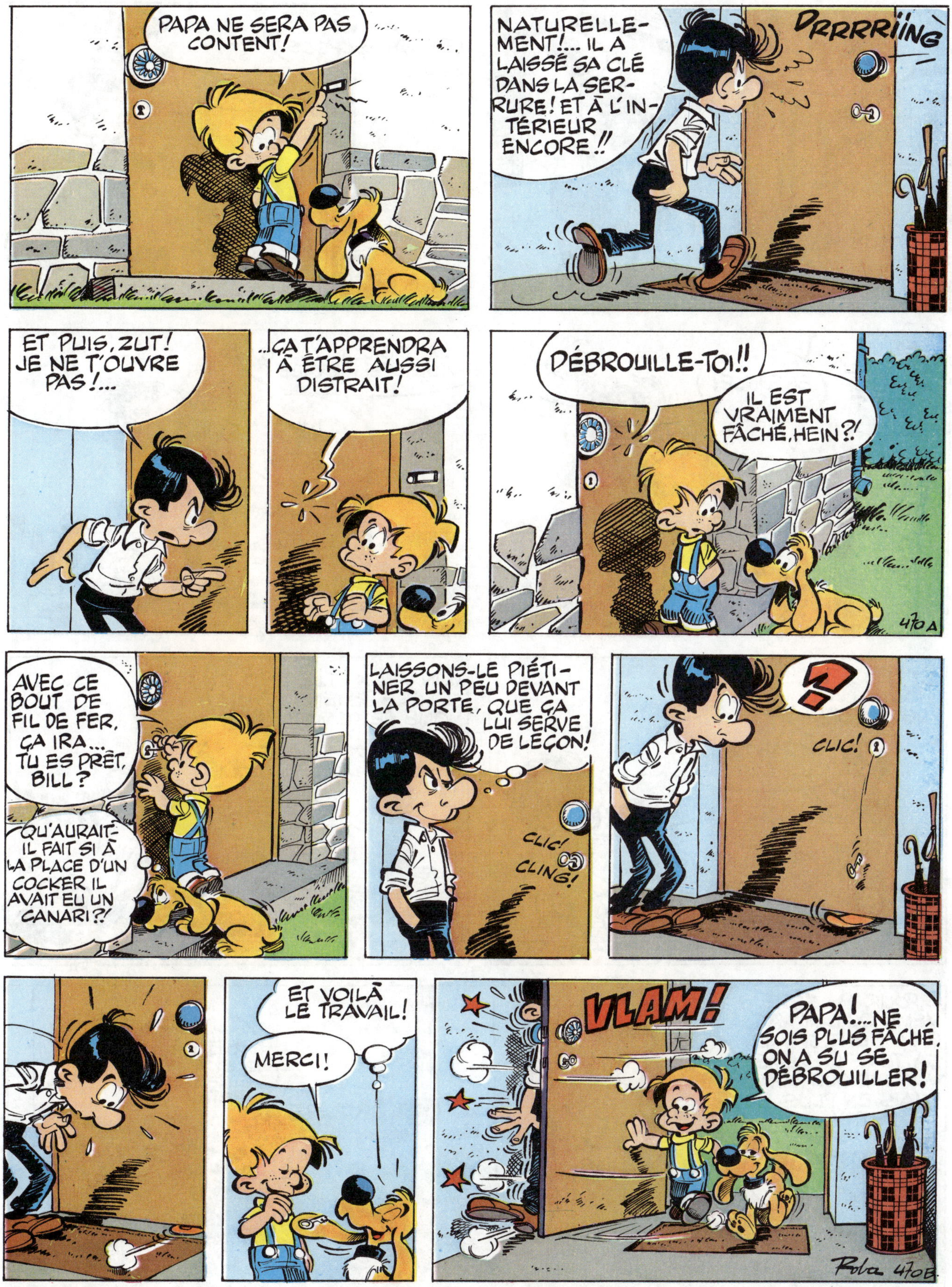
PAPA NE SERA PAS CONTENT!
NATURELLE-MENT!... IL A LAISSÉ SA CLÉ DANS LA SER-RURE! ET À L'IN-TÉRIEUR ENCORE!!
DRRRRIING
ET PUIS, ZUT! JE NE T'OUVRE PAS!...
...ÇA T'APPRENDRA À ÊTRE AUSSI DISTRAIT!
DÉBROUILLE-TOI!!
IL EST VRAIMENT FÂCHÉ, HEIN?!
AVEC CE BOUT DE FIL DE FER, ÇA IRA... TU ES PRÊT, BILL?
QU'AURAIT-IL FAIT SI À LA PLACE D'UN COCKER IL AVAIT EU UN CANARI?!
LAISSONS-LE PIÉTI-NER UN PEU DEVANT LA PORTE, QUE ÇA LUI SERVE DE LEÇON!
CLIC!
CLING!
?
CLIC!
ET VOILÀ LE TRAVAIL!
MERCI!
VLAM!
PAPA!...NE SOIS PLUS FÂCHÉ, ON A SU SE DÉBROUILLER!
Roba

Y A DE L'ABUS !

AÏEAÏEAÏE!... TON PÈRE VA ÊTRE FURIEUX!
TU AS VU LES PARE-CHOCS?
ARRACHÉS!
ET LE TOIT?... TU AS VU LE TOIT?
ENFONCÉ!
OH! DIS DONC!... VISE LES PHARES!
COMME DES CRÊPES!
471A
ET LE CAPOT!... HOULALÂÂ! LE CAPOT!!
ÉCRABOUILLÉ!
MON VIEUX, ELLE EST COMPLÈTEMENT DÉMOLIE, CETTE VOITURE!
ET C'EST MON PÈRE QUI L'AVAIT ACHETÉE...
BOM!
...POUR MA FÊTE. MÊME QU'IL M'AVAIT DIT: TIENS, COMME ÇA, TU AS LA MÊME VOITURE QUE PAPA, MAIS EN PLUS PETIT!
?!
TU PARLES QUE ÇA VA ÊTRE TA FÊTE!
Roba
471B

JE VIENS REGARNIR LE FAUTEUIL.
AH! TRÈS BIEN! ENTREZ, JE VAIS VOUS LE MONTRER.
VOILÀ LE FAUTEUIL. JE VOUS LAISSE... PRÉVENEZ-MOI QUAND VOUS AUREZ FINI!
Z Z Z
HÉ?! MAIS!?... DIS DONC, TOI!... OUSTE! JE DOIS TRAVAILLER!
!
GRRR!
472 A
AH! MON AMI, ATTENTION!!... JE N'AIME PAS LES MÉCHANTS CHIENCHIENS, MOI!
GNAP!
YAAAH!
ALORS TU NE PARS PAS?... UNE FOIS... DEUX FOIS... TROIS FOIS...
TRÈS BIEN!
PLUS TARD...
MADAÂÂME!... J'AI FINI!
?!
SC: FRANQUIN
Roba
472 B

¡¡¡¡¡¡¡
STOP!!
EMPAREZ-VOUS DE CE CHIEN!
MAIS ILS ENLÈVENT BILL?!
C'EST LA FOURRIÈRE?
SON ADRESSE EST SUR LE COLLIER... PARFAIT!... À LA BASE, VITE!
AÏE!
WARGN!
VROUM
NON! C'EST LA FORCE AÉRIENNE! À LA VOITURE. VITE!
LA FORCE AÉRIENNE QUI VOLE... LES CHIENS?
473A
PLUS TARD...
VOILÀ L'AÉRODROME MILITAIRE, LÀ, À DROITE... JE VAIS LEUR VOLER DANS LES PLUMES, MOI!!
32ème ESCADRILLE
HÉ, LÀ!
CRAC!
STOP
MP
MP
TRÈS BIEN, COLONEL!...C'EST EXACTEMENT LE MODÈLE DE CHIEN QUE JE VOULAIS COMME INSIGNE DE L'ESCADRILLE!
J'EN SUIS RAVI, MON GÉNÉRAL.
DITES, L'ARTISTE, LÀ!... DÉPÊCHEZ-VOUS! FAUT RAMENER CE CHIEN CHEZ LUI...J'VEUX PAS D'ENNUIS AVEC SON MAÎTRE!
HALTE!
HALTE!
HALTE!
MWEUUMWEUUUU
Roba
473B

'JOUR, BOULE!
SALUT, POUF!... QUE FAIS-TU AVEC CE BOUT DE FICELLE!?
QUEL BOUT DE FIC...
AAAH!
?
MA TARTE! MA TARTE AU SUCRE!... PERDUE! BOUAAH!
ÉCOUTE... POUR TON SAC DE BILLES, JE DEMANDE À BILL DE TE LA RETROUVER!... ÇA VA?
SENS BIEN, BILL... ET PUIS METS-TOI EN PISTE!
HMMM!... SUCRE DE 1ère QUALITÉ, LÉGÈREMENT CARAMÉLISÉ SUR LES BORDS!
SNIF
474 A
ÇA Y EST!... IL EST DÉJÀ SUR LA PISTE!... ÇA VAUT BIEN UN SAC DE BILLES, NON?
IL L'A TROUV... HÉÉÉ!
MIOM! MIAM!
MES BILLES!! ESCROC!
RETROUVER UNE TARTE COMME ÇA, C'EST DU GÂTEAU!
BURPS!
Roba
474 B

C'EST DU JOLI !... À TON ÂGE !
CONFISQUÉES, LES CIGARETTES !... RENTRE À LA MAISON IMMÉDIATEMENT !... NOUS RÉGLERONS ÇA À MON RETOUR !
MAIS... MAIS...
PLUS TARD.
PUIS-JE ENTRER, M. COUPON-DUBOIS ?
OUI, OUI... JUSTEMENT, J'AI BESOIN DE VOUS ! AVEZ-VOUS LE TEXTE DE MON DISCOURS ?
P.D.G.
TOC TOC
475 A
OUI, IL EST PRÊT MAIS C'ES AU SUJ DE MON AUGMEN
PLUS TARD, PLUS TARD !... JE SUIS TRÈS PRESSÉ !... SAVEZ-VOUS NOUER UNE CRAVATE DE SMOKING ?... FAITES ATTENTION À MA CHEMISE !!
COMME JE DISAIS À PROP DE MON AUGM
AH ! LÀLÀ !... JE VAIS ARRIVER EN RETARD ET C'EST MOI QUI PRÉSIDE CE BANQUET DES "P.D.G." CONTESTATAIRES ! ... ATTENTION À MA CHEMISE !
JE SUIS PRÊT À EXPLOSER D'ÉNERVEMENT !... AVEZ-VOUS UNE CIGARETTE ? ÇA ME CALMERA.
HEU, NON... AH ! SI !... J'EN AI. C'EST MON FILS QUI... ENFIN, J'EN AI !
DRÔLE DE GOÛT, VOS CIGARETTES !... ATTENTION À MA CHEMISE AVEC VOTRE LANCE-FLAMMES, LÀ !
MAIS, MAIS ? C'EST DU...
MA CHEMISE !
!!
TU NE VAS TOUT DE MÊME PAS ME DIRE QUE TU PUNIS CES PETITS PARCE QU'ILS "FUMENT" DES CIGARETTES EN CHOCOLAT !?!
SI !
Roba
475 B

ALORS ÇA CONTINUE ?
TU ES COMPLÈTEMENT RIDICULE ET MESQUIN !
SALUT, BOULE !... HOULÀ ! IL N'A PAS L'AIR BIEN, TON CHIEN !
AH ! NE M'EN PARLE PAS !
IL EST MALADE ?
PAS DU TOUT ! MONSIEUR TRAVERSE UNE CRISE !
476 A
ÉTAT DE DÉPRESSION AIGUË, TRAUMATISME PSYCHO-MACHINCHOSE, A DIT LE VÉTÉRINAIRE !
TU COMPRENDS, BILL EST TRÈS CONNU DANS LE QUARTIER. TOUT LE MONDE L'AIME BIEN : LE BOUCHER, LE FACTEUR, L'AGENT 22, LES VOISINS, LES COPAINS. BREF, UNE VEDETTE, QUOI ! MAIS DEPUIS QUE CES DEUX NOUVEAUX SONT ARRIVÉS !...
CES DEUX NOUVEAUX ?
OUI, LES NOUVEAUX... BEN, TIENS ! JUSTEMENT, LES VOILÀ !... OBSERVE BIEN BILL !
?!
BWAARHH!
Roba
476 B.

BAM
BLAM
BANG
BONG
BANG
BLAM
BLANG
GRRROÂÂRF!
CAISSE
!

IL EST BEAU, NOTRE SAPIN, HEIN, BILL ?... VA LE VOIR DE PLUS PRÈS.
476A
KAÏ!
?
WAOUUUU!
IL ÉTAIT LÀ, SAGEMENT, À REGARDER LE SAPIN, QUAND TOUT À COUP..
IL A EU PEUR, LE PETIT CHIENCHIEN ?!... VIENS, MON CHÉRI, VIENS...
IL A DÛ SE TROUVER NEZ À NEZ AVEC UNE BESTIOLE CACHÉE DANS L'ARBRE !... VA ME CHERCHER MON FUSIL À DOUBLE CANON, ON NE SAIT JAMAIS!
Roba
476B.

AH, LÀLÀ!... CE QUE JE M'ENNUIE!... ET CE BOULE QUI EST PARTI FAIRE DU TRAÎNEAU SANS MOI!
TIENS!?... CAROLINE!... TU NE DORS PAS?... TOUJOURS TES INSOMNIES!
HÉ, OUI! NOUS SOMMES LES DÉLAISSÉS, VA, MA BRAVE CAROLINE...
APRÈS TOUT, JE NE VOIS PAS POURQUOI NOUS DEVRIONS RESTER ICI À NOUS ENNUYER!... VIENS, GRIMPE VITE SUR MON DOS!
TIENS-TOI BIEN, HEIN!
438 A
PLUS TARD...
SCHUSSSS
T'AS VU LEURS TÊTES, DIS?... NON, MAIS! T'AS VU LEURS TÊTES?!?
?
!
?
OUIHIHIHI!!
Roba 438 B.

COMPLEXE

ALORS, QUOI!?! TU VIENS, OUI?... JE SUIS PRESSÉ D'ESSAYER MON NOUVEAU TRAÎNEAU!
JE DÉTESTE LES JOURS OÙ L'ON ESSAYE LES NOUVEAUX TRAÎNEAUX!
C'EST LE JOUR DES ÉTRENNES! ...
...JE DÉTESTE LES ÉTRENNES!
TOUT LE MONDE EN REÇOIT... JE DÉTESTE TOUT LE MONDE!
481
481A
VRROUM VRROUM
QU'EST-CE QUE TU FABRIQUES LÀ-DESSOUS?! TU N'AS PAS HONTE DE FAIRE UNE TÊTE PAREILLE ALORS QUE MAMAN T'A FAIT UN BEAU CADEAU DE NOUVEL AN!?
JE DÉTESTE LES CADEAUX DE NOUVEL AN!
VRRAOM!
M'OFFRIR UN MANTEAU DE CHIEN EN ANGORA!!!... JE DÉTESTE LA LAINE ANGORA!! JE SUIS ATTEINT D'ANGORAPHOBIE!
MIAOW!
Roba
481B.

L'ABRI

WAF!
MAIS?..? QU'EST-CE QUE?... BOULE! VIENS VITE VOIR BILL!
QU'EST-CE QU'IL ESSAYE DE M'EXPLIQUER?
MAIS, TU NE COMPRENDS PAS?... IL DEMANDE SA NICHE!
SA... SA NICHE?!
INCROYABLE!... DES ANNÉES QUE JE DÉPLOIE DES TRÉSORS DE DIPLOMATIE POUR LE FAIRE ENTRER DANS CETTE NICHE!
JE N'Y CROYAIS PLUS!
BILL
479 A.
COMME ÇA, TU SERAS À LA FOIS À L'AIR ET AU SEC!
BILL
AH, NON?!
TU M'AS FAIT REMONTER CETTE NICHE ET...
OH!
?!!
BRAVE PETIT COEUR!
SNIF
BILL
Roba 479 B.

WZZZZZ
MOUAIS! Y A PAS DE DOUTE!
482A
... CETTE NICHE EST MAL ORIENTÉE! ...
EN LA POUSSANT DE L'AUTRE CÔTÉ DU JARDIN, ELLE SERA PLEIN SUD...
... ET MES PETITS FRÈRES À PLUMES AURONT PLUS CHAUD!
BILL
CRRACK!
MAIS NON!! LE SUD EST PAR LÀ!
PAPA!!
Roba
482 B.

VERGLAS

WSSSS
ZZWiiiiP
ZZiii
480 A
ZZZZZ
BONG!
ZWIP!
BLONG!
ZiiP
EST-CE QU'À LA FIN, DANS CETTE MAISON, QUELQU'UN PENSERA À ME COUPER LES ONGLES QUAND IL Y A DU VERGLAS?!!
?!
480 B

ET TOQUE !

MAIS C'EST QUE ÇA ME VA, LA TOQUE D'ASTRAKAN !... ET PUIS ÇA ME CHANGE DE MON SEMPITERNEL CHAPEAU !
C'EST VRAI QUE ÇA NE TE VA PAS MAL... ÇA TE DONNERAIT MÊME UN SOUPÇON DE CHARME SLAVE.
N'EST-CE PAS ?
DIS DONC ! DIS DONC !... CE QUE TU ES CHOUETTE AVEC ÇA, PAPA !
C'EST VRAI ?
OUI, ÇA FAIT COSAQUE !
HEÏ ! HEÏ ! HEÏ !
483 A
EH BIEN, JE SUIS RAVI DE VOIR QUE TOUT LE MONDE APPRÉCIE MA TOQUE !
TOUT LE MONDE ?... HÉ LÀ ! GRAND TRAVAILLEUR !
QUE PENSES-TU DE MON NOUVEAU COUVRE-CH... ?
BEÊÊÂH !
?
!
TOI, JE PARIE QUE TU T'ES MOQUÉ DE SA TOQUE ?
MOI ? MAIS NON !
Roba
483 B

T'EN FAIS PAS, MA POULETTE! T'EN AURAS UN DANS PAS LONGTEMPS, C'EST MOI QUI T'LE DIS!
Y A TROIS JOURS QUE J'L'AI REPÉRÉ!... C'EST L'HEURE DE SA BALADE DU SOIR... J'PEUX PAS L'RATER!
AH!... ON VIENT!... ZUT!... C'EST PAS LUI!
...19... 20!... HÉHÉ!... VINGT MILLE!... PAS MAL!... LES DIEUX DE LA ROULETTE ÉTAIENT AVEC MOI, CE SOIR!
LE V'LÀ!... C'EST DANS LA POCHE! (1)
484 A
(1) VOIR CASE 8.
MAINS EN L'AIR! UN MOT, UN GESTE, ET J'VOUS FAIS UNE BOUTONNIÈRE!!
TOI, DONNE-MOI ÇA!... ET N'ESSAYEZ PAS DE ME FILER... SINON!...
IN THE POCKET! (2)
PLUS TARD...
ET C'EST POUR QUI, ÇA?... MMMH?... C'EST POUR MA POULÉÉÉTE!
WIFWIF!
...À VRAI DIRE, M. LE COMMISSAIRE... CE N'EST PAS EXACTEMENT MOI LA VICTIME... PARDON? ...C'EST LA VICTIME, ELLE-MÊME, QUI DOIT VENIR DÉPOSER PLAINTE?... EN CHAIR ET EN OS!... BEN... HEU... C'EST QUE...
WAOUUU!
Roba
484 B.
(2) VOIR CASE 5.

IL FAIT UN FROID DE CANARD, ET TU CHOISIS CE TEMPS-LÀ POUR NOUS EMMENER À LA MER !?
TU VAS VOIR.
MAIS !?!... LA MER EST GELÉE !?!
ILS L'AVAIENT ANNONCÉ À LA RADIO. ÇA VAUT LE DÉPLACEMENT, NON ? C'EST UN PHÉNOMÈNE RARISSIME !
PAPA, TU AS EU UNE IDÉE FORMIDABLE !
COMME TOUJOURS !
ALORS ?... AVAIS-TU DÉJÀ VU ÇA ?
C'EST CHOUETTE ! ON SE CROIRAIT AU PÔLE NORD !
SNIF !
485 A
AH ! LE CALME DES SOLITUDES GLACÉES !
ET PUIS, CE QU'IL Y A DE BIEN EN CETTE SAISON, C'EST QUE L'ON PEUT LAISSER COURIR SON CHIEN...
WAF ?
WOUF
?
...SANS CRAINDRE QU'IL NE DÉRANGE DES VOISINS DE PLAGE IRASCIBLES ET GRINCHEUX !!
P... PAP... P... PAP... AAH !
KAÏ !!
HONK ! HONK ! HONK ! HONK !
FLAP FLAP
FLAP FLAP FLAP
FLAP FLAP FLAP
Rola 485 B

CASSE-COU !

SALUT, BOULE ! VIENS VITE, ON A TROUVÉ UN JEU TERRIBLE !
AÏE !... PETIT LOUIS A ENCORE RATÉ !
CRASH !
LE JEU CONSISTE À FONCER DROIT SUR LE SAPIN, LÀ, EN BAS DE LA PISTE, ET À FREINER AU DERNIER MOMENT ! C'EST DIFFICILE, MAIS QU'EST-CE QU'ON RIGOLE !
JE VOIS QUE TU N'AS PAS ENCORE RÉUSSI !
NON. MAIS LES AUTRES NON PLUS !... REGARDE COMMENT IL FAUT FAIRE !
CRASH
486A
VAS-Y, BOULE !... MAIS FAIS GAFFE ! ON A JETÉ DE L'EAU SUR LA PISTE, HIER... ÇA GLISSE !
?
'TENTION ! FREIN
?
WSSSSSS
FFFFRRRRRT
ET VOILÀ !
BEN, ÇA ALORS !?... COMMENT AS-TU FAIT ?
!
!
C'EST SIMPLE : IL SUFFIT D'AVOIR DES AÉROFREINS !
Roba
486 B

BOULE! VIENS VOIR!
TOC TOC TOC
DOUCEMENT, DOUCEMENT!... POSEZ LE PIED, OU LA PATTE, AVEC PRÉ-CAUTION!
?
?
HALTE! C'EST LÀ!
AGENOUILLEZ-VOUS ET APPROCHEZ-VOUS TRÈS LENTEMENT DE CECI.
?
488A
VOUS ALLEZ ASSISTER À UN SPECTACLE ATTENDRISSANT : L'ÉCLOSION D'UNE AMARYLLIDACÉE!...
UNE QUOI!??
...QUE TOUT LE MONDE CONNAÎT SOUS LE NOM DE GALANTHUS NIVALLIS, AUTREMENT DIT : PERCE-NEIGE!
COMME CELA DOIT ÊTRE DUR POUR CETTE FRAGILE PETITE CHOSE DE PERCER CETTE COUCHE DE NEIGE!...JE VAIS LA DÉGAGER, ÇA L'AIDERA À SORTIR!
OUAHA! UN GALLANTHUS NIVALLOS!
CHOUETTE! JE L'AVAIS OUBLIÉ, CELUI-LÀ!
Roba
488 B.

WAF!
CHUT, BILL !!
MAIS, MONSIEUR !!
?
MONSIEUR !!... RATTRAPEZ CE CHIEN IMMÉDIATEMENT !
VOUS EN AVEZ DE BONNES, VOUS !... SI VOUS N'AVIEZ PAS ESSAYÉ DE ME L'ENLEVER, IL SERAIT RESTÉ BIEN SAGEMENT SUR MES GENOUX !
COMMANDANT, IL EST À VOUS, CE CHIEN ?
QUOI ?! UN CHIEN, ICI ?!?!
MONSIEUR ! LES CHIENS SONT INTERDITS DANS LA CABINE !... VOUS N'AVIEZ PAS À LE RAMENER DE L'ARRIÈRE !
DITES PLUTÔT QUE VOUS N'AIMEZ PAS LES ANIMAUX !
SI, MONSIEUR !... J'AI UN CHAT, UNE TORTUE ET UN HAMSTER !
C'EST PAS BIENTÔT FINI, NON ?!?
MONSIEUR, JE VOUS SOMME DE...
AÏE !
GROAF !
BILL ! LÂCHE LE COMMANDANT !
iiiiiiiii !
C'EST UN DÉTOURNEMENT !!
AU SECOURS !
487A
JE VOUS ORDONNE DE REMETTRE CE CHIEN À L'ARRIÈRE !... À L'ENDROIT PRÉVU POUR LES ANIMAUX !!
JE NE ME SÉPARE JAMAIS DE MON CHIEN, MOI, MONSIEUR !
ET MOI JE VOUS DIS QUE SI !
NON !
SI !
NON !
SI !
UNE FOIS ?... DEUX FOIS ?... TROIS FOIS !... TRÈS BIEN ! JE SAIS CE QU'IL ME RESTE À FAIRE ... STEWARD ! VENEZ ME PRÊTER MAIN FORTE !
AH ! NE NOUS TOUCHEZ PAS, HEIN !? MAIS VOUS ÊTES FOUS !! SANS PARACHUTE, C'EST UN MEURTRE !!
NONN !!
NOUS ATTERRIRONS À PARIS ORLY DANS DIX MINUTES... VEUILLEZ NE PLUS FUMER ET ATTACHER, HEU ... VOTRE CEINTURE... LE COMMANDANT ESPÈRE QUE VOUS AVEZ FAIT UN BON VOYAGE...
Roba
487 B

ARCHIE CASH
malik · brouyère

N. 1 Le Maître de l'Epouvante
N. 2 Le Carnaval des Zombies
N. 3 Le Déserteur de Toro-Toro

ATTILA
derib · rosy

N. 4 La merveilleuse Surprise d'Odée

BUCK DANNY
charlier · hubinon

N. 1 Les Japs attaquent
N. 2 Les Mystères de Midway
N. 3 La Revanche des Fils du Ciel
N. 4 Les Tigres Volants
N. 5 Dans les Griffes du Dragon Noir
N. 6 Attaque en Birmanie
N. 7 Les Trafiquants de la Mer Rouge
N. 8 Les Pirates du Désert
N. 9 Les Gangsters du Pétrole
N. 10 Pilotes d'Essai
N. 11 Ciel de Corée
N. 12 Avions sans Pilotes
N. 13 Un Avion n'est pas rentré
N. 14 Patrouille à l'Aube
N. 15 NC 22654 ne répond plus
N. 16 Menace au Nord
N. 17 Buck Danny contre Lady X
N. 18 Alerte en Malaisie
N. 19 Le Tigre de Malaisie
N. 20 S.O.S. Soucoupes Volantes
N. 21 Un Prototype a disparu
N. 22 Top Secret
N. 23 Mission vers la Vallée Perdue
N. 24 Prototype FX 13
N. 25 Escadrille ZZ
N. 26 Le Retour des Tigres Volants
N. 27 Les Tigres Volants à la rescousse
N. 28 Tigres Volants contre Pirates
N. 29 Opération Mercury
N. 30 Les Voleurs de Satellites
N. 31 X-15
N. 32 Alerte à Cap Kennedy
N. 33 Le Mystère des Avions Fantômes
N. 34 Alerte atomique
N. 35 L'Escadrille de la Mort
N. 36 Les Anges Bleus
N. 37 Le Pilote au Masque de Cuir
N. 38 La Vallée de la Mort verte

Tarawa, Atoll sanglant, 1re partie
Tarawa, Atoll sanglant, 2e partie

BENOIT BRISEFER
peyo

N. 1 Les Taxis Rouges
N. 2 Madame Adolphine
N. 3 Les Douze Travaux de Benoît Brisefer
N. 4 Tonton Placide
N. 5 Le Cirque Bodoni
N. 6 Lady d'Olphine

BOULE et BILL
roba

60 Gags de Boule et Bill 1
60 Gags de Boule et Bill 2
60 Gags de Boule et Bill 3
60 Gags de Boule et Bill 4
60 Gags de Boule et Bill 5
60 Gags de Boule et Bill 6
60 Gags de Boule et Bill 7
N. 8 Papa, Maman, Boule... et moi
N. 9 Une Vie de Chien
N. 10 Attention, Chien marrant !
N. 11 Jeux de Bill
N. 12 Ce Coquin de Cocker

la patrouille des CASTORS
mitacq - charlier

N. 1 Le Mystère de Grosbois
N. 2 Le Disparu de Ker-Aven
N. 3 L'Inconnu de la Villa Mystère
N. 4 Sur la Piste de Mowgli
N. 5 La Bouteille à la Mer
N. 6 Le Trophée de Rochecombe
N. 7 Le Secret des Monts Tabou
N. 8 Le Hameau englouti
N. 9 Le Traître sans Visage
N. 10 Le Signe indien
N. 11 Les Loups Ecarlates
N. 12 Menace en Camargue
N. 13 La Couronne cachée
N. 14 Le Chaudron du Diable
N. 15 L'Autobus hanté
N. 16 Le Fantôme
N. 17 Le Pays de la Mort
N. 18 Les Démons de la Nuit
N. 19 Vingt Milliards sous la Terre

CESAR
tillieux

N. 3 Quel Métier
N. 4 Au fil des (mauvais) Jours

DON BOSCO
jijé

GASTON
franquin

N. R1 Gala de Gaffes à Gogo
N. R2 Le Bureau des Gaffes en Gros
N. R3 Gare aux Gaffes du Gars gonflé
N. R4 En direct de la Gaffe
N. 6 Des Gaffes et des Dégâts
N. 7 Un Gaffeur sachant gaffer
N. 8 Lagaffe nous gâte
N. 9 Le Cas Lagaffe
N. 10 Le Géant de la Gaffe
N. 11 Gaffes, Bévues et Boulettes
N. 12 Le Gang des Gaffeurs

M. Rectitude et GÉNIAL OLIVIER
devos

N. 1 L'Ecole en folie
N. 2 Le Génie et sa Génération
N. 3 Génie, vidi, vici

GIL JOURDAN
tillieux

N. 1 Libellule s'évade
N. 2 Popaïne et Vieux Tableaux
N. 3 La Voiture immergée
N. 4 Les Cargos du Crépuscule
N. 5 L'Enfer de Xique-Xique
N. 6 Surboum sur 4 Roues
N. 7 Les Moines Rouges
N. 8 Les 3 Taches
N. 9 Le Gant à 3 Doigts
N. 10 Le Chinois à 2 Roues
N. 11 Chaud et Froid
N. 12 Pâtée explosive
N. 13 Carats en vrac
N. 14 Gil Jourdan et les Fantômes
N. 15 Sur la Piste d'un 33 Tours

L'HISTOIRE en bandes dessinées

N. 1 L'Epopée sanglante du Far West
N. 2 Les Mystérieux Chevaliers de l'Air
N. 3 Incroyables Aventures d'Animaux
N. 4 L'Enfer sur Mer

HULTRASSON
vittorio · tillieux

N. 4 L'Eau de Politesse

JERRY SPRING
jijé

N. 1 Le Duel
N. 2 Les Vengeurs du Sonora
N. 3 L'Or de personne
N. 4 Jerry contre KKK

JESS LONG
piroton · tillieux

N. 1 Le Bouddha écarlate
et Les Nouveaux Négriers

JOHAN et PIRLOUIT
peyo

N. 1 Le Châtiment de Basenhau
N. 2 Le Maître de Roucybeuf
N. 3 Le Lutin du Bois aux Roches
N. 4 La Pierre de Lune
N. 5 Le Serment des Vikings
N. 6 La Source des Dieux
N. 7 La Flèche Noire
N. 8 Le Sire de Montrésor
N. 9 La Flûte à Six Schtroumpfs
N. 10 La Guerre des 7 Fontaines
N. 11 L'Anneau des Castellac
N. 12 Le Pays Maudit
N. 13 Le Sortilège de Maltrochu

KHÉNA et le SCRAMEUSTACHE
gos

N. 1 L'Héritier de l'Inca
N. 2 Le Magicien de la Grande Ourse
N. 3 Le Continent des deux Lunes

les KROSTONS
deliège

N. 1 Balade pour un Kroston

LUCKY LUKE
morris

N. 1 La Mine d'Or de Dick Digger
N. 2 Rodéo
N. 3 Arizona
N. 4 Sous le Ciel de l'Ouest
N. 5 Lucky Luke contre Pat Poker
N. 6 Hors-la-Loi
N. 7 L'Elixir du Docteur Doxey
N. 8 Lucky Luke contre Phil Defer
N. 9 Des Rails sur la Prairie
N. 10 Alerte aux Pieds Bleus
N. 11 Lucky Luke contre Joss Jamon
N. 12 Les Cousins Dalton
N. 13 Le Juge
N. 14 Ruée sur l'Oklahoma
N. 15 L'Evasion des Dalton
N. 16 En remontant le Mississippi
N. 17 Sur la Piste des Dalton
N. 18 A l'Ombre des Derricks
N. 19 Les Rivaux de Painful-Gulch
N. 20 Billy The Kid
N. 21 Les Collines noires
N. 22 Les Dalton dans le Blizzard
N. 23 Les Dalton courent toujours
N. 24 La Caravane
N. 25 La Ville Fantôme
N. 26 Les Dalton se rachètent
N. 27 Le 20e de Cavalerie
N. 28 L'Escorte
N. 29 Des Barbelés sur la Prairie
N. 30 Calamity Jane
N. 31 Tortillas pour les Dalton

MARC LEBUT
francis · tillieux

N. 7 La Ford T en Vadrouille
N. 8 Ford T antipollution
N. 9 La Ford T en vacances
N. 10 Gags en Ford T

NATACHA
walthéry

N. 1 Natacha, Hôtesse de l'Air
N. 2 Natacha et le Maharadjah
N. 3 La Mémoire de Métal
N. 4 Un Trône pour Natacha

PAUL FORAN
gil · montero

N. 1 Chantage à la Terre

les PETITS HOMMES
seron · hao

N. 3 Les Guerriers du Passé
N. 4 Le Lac de l'Auto
N. 5 L'Œil du Cyclope

SAMMY
berck · cauvin

N. 1 Bons Vieux pour les Gorilles
et Robots pour les Gorilles
N. 2 Rhum Row
N. 3 El Presidente
N. 4 Les Gorilles marquent des Poings
et Gorilles et Spaghetti
N. 5 Le Gorille à huit Pattes
N. 6 Les Gorilles font les Fous

les SCHTROUMPFS
peyo

N. 1 Les Schtroumpfs Noirs
N. 2 Le Schtroumpfissime
N. 3 La Schtroumpfette
N. 4 L'Œuf et les Schtroumpfs
N. 5 Les Schtroumpfs et le Cracoucass
N. 6 Le Cosmoschtroumpf
N. 7 L'Apprenti Schtroumpf
N. 8 Histoires de Schtroumpfs
N. 9 Schtroumpf vert et Vert Schtroumpf

SIBYLLINE
macherot

N. 3 Sibylline et les Abeilles
N. 4 Sibylline et le petit Cirque
N. 5 Sibylline s'envole

SOPHIE
jidéhem

N. 8 Les Bonheurs de Sophie (2e série)
N. 9 Sophie et la Tiare de Matlotl Halatomatl
N. 10 Sophie et le Douanier Rousseau
N. 11 Sophie et le Souffle du Dragon

les aventures de SPIROU
franquin

N. 1 Quatre Aventures de Spirou et Fantasio
N. 2 Il y a un Sorcier à Champignac
N. 3 Les Chapeaux Noirs
N. 4 Spirou et les Héritiers
N. 5 Les Voleurs du Marsupilami
N. 6 La Corne de Rhinocéros
N. 7 Le Dictateur et le Champignon
N. 8 La Mauvaise Tête
N. 9 Le Repaire de la Murène
N. 10 Les Pirates du Silence
N. 11 Le Gorille a bonne mine
N. 12 Le Nid des Marsupilamis
N. 13 Le Voyageur du Mésozoïque
N. 14 Le Prisonnier du Bouddha
N. 15 Z comme Zorglub
N. 16 L'Ombre du « Z »
N. 17 Spirou et les Hommes-Bulles
N. 18 QRN sur Bretzelburg
N. 19 Panade à Champignac
N. 24 Tembo Tabou
Péchés de jeunesse N. 1 L'Héritage

fournier

N. 20 Le Faiseur d'Or
N. 21 Du Glucose pour Noémie
N. 22 L'Abbaye truquée
N. 23 Toratorapa
N. 25 Le Gri-Gri du Niokolo-Koba
N. 26 Du Cidre pour les Etoiles

TIF et TONDU
will · rosy

N. 4 Tif et Tondu contre la Main Blanche
N. 5 Le Retour de Choc
N. 6 Passez Muscade
N. 7 Plein Gaz
N. 8 La Villa du Long-Cri
N. 9 Choc au Louvre
N. 10 Les Flèches de nulle part
N. 11 La Poupée ridicule

will · tillieux

N. 20 Les Ressuscités
N. 21 Le Scaphandrier mort
N. 22 Un Plan démoniaque
N. 23 Tif et Tondu à New York

les TUNIQUES BLEUES
salverius · cauvin

N. 1 Un Chariot dans l'Ouest
N. 2 Du Nord au Sud
N. 3 Et pour 1.500 $ en plus
N. 4 Outlaw

lambil · cauvin

N. 5 Les Déserteurs
N. 6 La Prison de Robertsonville
N. 7 Les Bleus de la Marine
N. 8 Les Cavaliers du Ciel

VIEUX NICK
remacle

N. 5 Les Mutinés de la « Sémillante »
N. 17 Barbe-Noire joue et perd
N. 18 Le Feu de la Colère
N. 19 Sous la Griffe de Lucifer

YOKO TSUNO
leloup

N. 1 Le Trio de l'Etrange
N. 2 L'Orgue du Diable
N. 3 La Forge de Vulcain
N. 4 Aventures électroniques
N. 5 Message pour l'Eternité
N. 6 Les 3 Soleils de Vinéa